PREPARÁNDOSE PARA NAVIDAD
Con P. Richard Rohr, O.F.M.

Traducción al español   Evelyn Klüssmann Oates

PREPARÁNDOSE PARA NAVIDAD

Con *P. Richard Rohr*

O.F.M.

Meditaciones Diarias para Adviento

ST. ANTHONY MESSENGER PRESS
Cincinnati, Ohio

Great Themes of Paul: Life as Participation

Healing Our Violence Through the Journey of Centering Prayer (with Thomas Keating, O.C.S.O.)

Letting Go: A Spirituality of Subtraction

Men and Women: The Journey of Spiritual Transformation

New Great Themes of Scripture

Preparing for Christmas With Richard Rohr

Rebuild the Church

Richard Rohr on Church: Collected Talks: Volume Three

Richard Rohr on Scripture: Collected Talks: Volume Two

Richard Rohr on Transformation: Collected Talks: Volume One

Sermon on the Mount

A Spirituality for the Two Halves of Life (with Paula D'Arcy)

True Self, False Self

EDICTO

De acuerdo con el Código de Derecho Canónico, yo, por el presente, concedo mi permiso para publicar *Preparándose para Navidad Con Richard Rohr: Meditaciones Diarias para Adviento*.

Reverendo Joseph R. Binzer
Vicario General
Arquidiócesis de Cincinnati
Cincinnati, Ohio
28 de agosto de 2008

El permiso de publicación es una declaración que un libro o folleto está considerado como exento de errores doctrinales o morales. No implica que quienes han concedido el permiso para su publicación estén de acuerdo con el contenido, opiniones y afirmaciones expresados.

Diseño de cubierta: Mark Sullivan
Foto/imagen de cubierta: www.istockphoto.com/Jaap Hart
Diseño interior del libro: Jennifer Tibbits

Library of Congress Cataloging-in-Publication Data

Rohr, Richard.
  [Preparing for Christmas with Richard Rohr. Spanish]
  Preparandose para Navidad con P. Richard Rohr, O.F.M. : meditaciones diarias para Adviento / traduccisn al espaqol, Evelyn Klussmann Oates.
    p. cm.
  ISBN 978-0-86716-903-4 (pbk. : alk. paper) 1. Advent—Meditations. 2. Catholic Church—Prayers and devotions. I. Title.
  BX2170.A4R6418 2008
  242'.33—dc22

                                    2008034848

ISBN: 978-0-86716-903-4
Copyright ©2008, Richard Rohr. Todos los derechos reservados
Traducción al español Evelyn Klüssmann Oates

Publicado por St. Anthony Messenger Press
28 W. Liberty St.
Cincinnati, OH 45226
www.SAMPBooks.org

Impreso en los Estados Unidos de América.
Impreso en papel libre de ácido.

08 09 10 11 12 5 4 3 2 1

Introducción

Hace algunos años dicté una conferencia sobre el tema "Preparándose para Navidad", la cual la editorial St. Anthony Messenger fue tan amable de publicar en una versión grabada. Ésta ha continuado vendiéndose bien por muchos años, por tal razón me preguntaron si yo trabajaría con ellos en la publicación de una versión escrita. Este folleto es el resultado.

En las conferencias originales yo traté de invitar a las personas que fueran más allá de una comprensión meramente sentimental de Navidad como "una espera del niño Jesús" a una apreciación adulta y social del mensaje de la Encarnación de Dios en Cristo. Nosotros, los Franciscanos, siempre hemos creído que *la Encarnación ya era la Redención*, porque en el nacimiento de Jesús, Dios ya estaba diciendo que *era bueno ser humano y que Dios estaba de nuestro lado*.

En la conferencia original, yo sentí, que la necesidad en esta tierra por un cristianismo adulto y por el mensaje verdadero de Jesús eran tan urgentes, que no podíamos permitirnos que esta gran fiesta de Navidad y sus preparativos de

Adviento se diluyeran de cualquier forma. Veinte años más tarde, siento que esto es aún más cierto. Jesús identificó su mensaje con lo que él llamó la venida del "reinado de Dios" o del "reino de Dios", aunque nosotros nos hemos conformado con la dulce venida de un niño que pidió poco de nosotros en términos de renuncia, encuentro, reciprocidad o de cualquier estudio de las Sagradas Escrituras o de las enseñanzas verdaderas de Jesús. El sentimentalismo, definido como las emociones inventadas, puede ser un rechazo de y un sustituto de una relación verdadera, tal y como también observamos en nuestras relaciones humanas.

Nosotros, los católicos debemos admitir que existe entre nosotros una tentación constante de evitar al leccionario y a la Palabra de Dios para devociones privadas y devotas, que usualmente tienen poco poder para verdaderamente cambiarnos o para cuestionar nuestros supuestos del ego. La Palabra de Dios, sin embargo, nos *confronta, convierte y consuela* —en ese orden—. El sufrimiento, la injusticia y la devastación en este planeta son actualmente tan grandes que no nos podemos conformar con cualquier evangelio ni con un Jesús infantiles. De hecho, eso siempre ha sido cierto. "¡Jesús es el Señor de toda la creación". Éste fue el grito de unión de la temprana iglesia (Filipenses 2:11, Hechos 2:36, Romanos 1:4, etc.). Es a este Cristo adulto y cósmico a quien le estamos diciendo, "Ven, Señor Jesús"

(Apocalipsis 22:20), que son las palabras finales de la Biblia. Esto hace de nuestras vidas enteras y de la vida de la iglesia un enorme "adviento". Mi esperanza y oración son que este pequeño folleto pueda lograr lo mismo. Recuerda, *Adviento existe siempre* –hasta el fin de los días–.

Paz y todo el bien,

P. Richard Rohr, O.F.M.

Primer Domingo de Adviento

Año A: Isaías 2:1-5; Romanos 13:11-14; Mateo 24:37-44

Año B: Isaías 63:16b-17, 19b; 64:2-7; 1 Corintios 1:3-9;
         Marcos 13:33-37

Año C: Jeremías 33:14-16; 1 Tesalonicenses 3:12–4:2;
         Lucas 21:25-28, 34-36

———

> Por eso estén despiertos, porque no saben en
> qué día vendrá su Señor.
>
> —MATEO 24:42—

VEN, SEÑOR JESÚS

"Ven, Señor Jesús", el mantra de Adviento significa que toda la historia del cristianismo se realiza en un cierto vacío deliberado, en una suerte de insatisfacción escogida. La totalidad perfecta está siempre por venir y no tenemos que demandarla por ahora. Esto mantiene el campo de la vida muy abierto y especialmente abierto a la gracia y a un futuro creado por Dios y no por nosotros. Esto es exactamente lo que significa estar "despierto" tal y como el Evangelio nos anima. Nosotros podemos usar otras palabras con *a* para Adviento: ágil, atento, ávido, alerta, avivado, ¡todas son apropiadas! Adviento es, sobre todas las demás cosas, un llamado a la conciencia plena y un llamado de precaución sobre el alto precio de la conciencia.

Cuando demandamos satisfacción de los demás, cuando demandamos una finalización de la historia en nuestros propios términos, cuando demandamos que nuestra ansiedad o cualquier insatisfacción desaparezca, diciendo, "¿Por qué no estuviste en ésta para mí? ¿Por qué la vida no hizo esto por mí?", nos rehusamos a decir, "Ven, Señor Jesús". Nosotros nos rehusamos a tender por el *cuadro completo* que siempre es dado por Dios.

"Ven, Señor Jesús" es un salto hacia una clase de libertad y entrega, que acertadamente es llamada la virtud de la esperanza. La virtud teológica de la esperanza es la voluntad de querer vivir paciente y esperanzadoramente sin finalización, sin resolución y aún así estar satisfechos y felices porque ahora nuestra Satisfacción está en otro nivel y porque nuestra Fuente está más allá de nosotros mismos. Podemos confiar que él *vendrá* de nuevo, tal como Jesús ha venido en nuestro pasado, en nuestras dilemas privados y en nuestro sufrido mundo. Nuestro pasado cristiano, entonces, se convierte en nuestro prólogo cristiano y "Ven, Señor Jesús" no es ya un grito de desesperación sino un grito certero de esperanza cósmica.

REFLEXIONA

¿Qué expectativas y demandas a la vida puedes abandonar de tal forma que estés más preparado para la venida de Jesús ?

Lunes de la Primera Semana de Adviento

Isaías 2:1–5 (Isaías 4:2–6 para el Año A); –Mateo 8:5–11–

> Señor, ¿quién soy yo para que entres en mi casa? Di no más una palabra y mi sirviente sanará.
>
> —MATEO 8:8—

Martes de la Primera Semana de Adviento

Isaías 11:1-10; Lucas 10:21-24

—⁓—

> Nadie sabe quién es el Hijo, sino el Padre;
> nadie sabe quién es el Padre sino el Hijo y
> aquel a quien el Hijo quiera dárselo a conocer.
>
> —LUCAS 10:22—

EL CRISTO CÓSMICO

La Segunda Venida de Cristo, ésa por la cual la historia espera no es la misma que el Niño Jesús o aun que el Jesús histórico. El Jesús histórico fue un hombre y Cristo no es su apellido. *El Cristo* incluye la total extensión de la creación y de la historia unidas en él —y en ti también—. A esto lo llamamos el Cristo Cósmico. Nosotros mismos somos miembros del Cuerpo de Cristo y del Cristo Cósmico, aunque no somos el Jesús Histórico. Así que nosotros muy correctamente creemos en "Jesús Cristo" y ambas palabras son esenciales.

La celebración de Navidad no es una espera sentimental por un niño que nacerá, pero más que eso, *¡es un pedido para que la historia nazca!* (véase: Romanos 8:20-23). No le hacemos ningún favor a los Evangelios cuando convertimos a Jesús, el Eterno Cristo, en un niño perpetuo, un niño que pide poco o que no pide de nosotros una respuesta adulta. Uno se pregunta cómo es la mente que mantendría a Jesús como un niño. Tal vez fue un "cristianismo inmaduro".

Podemos abrazar o arrullar a un niño, pero cualquier espiritualidad que hace demasiado del Niño Jesús no está tal vez lista para ser la flor de la vida. Dios claramente quiere amigos, compañeros e imágenes, si hemos de creer los textos bíblicos. Dios, según parece, quiere una religión adulta y una respuesta madura y libre de nosotros. Dios nos ama como compañeros adultos, en un mutuo dar y recibir y *tú eventualmente te convertirás en el Dios que tú amas*. Toma esto como un absoluto.

Yo entiendo de dónde provinieron tales devociones al Infante, o a éste o a aquél, o al *Santo Niño* de acá o de allá, pero éstas no se acercan al poder de la proclamación bíblica, que claramente nos invitan a una "cooperación" adulta (Romanos 8:28), a una "participación" libre (Filipenses 3:10) y al amor de las personas libres y maduras en Dios (Efesios 4:13). Tú puedes aparentemente confiar tanto en ti mismo porque ante todo Dios lo ha hecho primero. El Cristo que estamos buscando y esperando incluye tu nacimiento pleno y el posterior nacimiento de la historia y de la creación. Ahora tú puedes decir, ¡"Ven, Cristo Jesús" con un completo como nuevo entendimiento y una pasión deliberada!

¿Qué percepciones de Jesús y de Cristo posees que necesitan ser cambiadas?

Miércoles de la Primera Semana de Adviento

Isaías 25:6–10a; Mateo 15:29–37

—⁓〰⁓—

> En este cerro, una comida con jugosos asados y buenos vinos, un banquete de carne y vinos escogidos.
>
> —Isaías 25:6—

Reino de la Tierra

A veces siento que nosotros, predicadores y maestros, debemos presentarnos con nuevos sermones todo el tiempo. Esto es terriblemente injusto porque Jesús básicamente poseía un solo sermón, que él daba en formas diferentes. Jesús anunció la presencia de lo que el llamó "el reino" o el "reinado" de Dios. Él continuó diciendo, "es como" o "puede ser comparado con" (véase: Mateo 13) y él utilizó historias, parábolas y metáforas de forma tal que nosotros pudiéramos reconocer lo que era obvio para él, pero no tan obvio para nosotros. La religión puede usar solamente el lenguaje de la metáfora porque nosotros estamos señalando hacia las cosas trascendentales. Jesús nos dijo que rezáramos para que este misterio fuera tan obvio para nosotros "en la tierra como es en el cielo". El banquete descrito en la lectura de hoy de Isaías, por ejemplo, es claramente *ahora* y también más tarde. Jesús nos estaba pidiendo que viéramos, que viéramos plenamente y que viéramos que el interior de las cosas es siempre más grande que el mero exterior.

Básicamente, tú puedes traducir "el reino" como el "Gran Cuadro" que es como lo usaré en este folleto. El reino de Dios, o el reinado de Dios, es *como las cosas son objetiva, verdadera y finalmente.* Jesús siempre nos está invitando a que vivamos en el cuadro final y pleno y que no nos perdamos en dramas, dolores o agendas del momento. En latín nosotros solíamos decir *sub specie aeternitate,* es decir, nos preguntábamos diariamente, "¿a la luz de la eternidad, esto importará realmente?".

Existe un Gran Drama que totalmente relativiza y sitúa todas nuestras emociones, dolores, adicciones y planes diarios. Cuando tú moras en el Dios mismo, el pequeño uno mismo siempre es visto como limitado, inseguro y bueno, –pero todavía transitorio–. Debemos comer de otra mesa para saber quiénes real y finalmente somos. Cuando podemos vivir adentro de esta gran fiesta interna de la vida, descrita tan bellamente hoy por Isaías, las cosas que pasan se convierten exactamente en eso —cosas que pasan adentro del Gran Banquete de la vida interior en Dios—.

Reflexiona

¿Qué estudio has hecho, si has hecho alguno, del Verdadero Ser y del falso ser? Podrías querer escuchar a mi presentación grabada, *Verdadero Ser, Falso Ser* disponible de St. Anthony Messenger Press.

Jueves de la Primera Semana de Adviento

Isaías 26:1-6; Mateo 7:21, 24-27

—⁓—

> No bastará con decirme: ¡Señor!, ¡Señor!,
> para entrar en el Reino de los Cielos; más
> bien entrará el que hace la voluntad de mi
> Padre del Cielo
>
> —Mateo 7:21—

Tu Reino Vendrá

Si tratamos de hacer que la iglesia sea el reino de Dios, creamos una idolatría. Yo sospecho que eso es lo que Jesús

quería decir en la línea, "Señor, Señor". Si nosotros tratamos de hacer que este mundo en sí mismo sea el Reino,
siempre estaremos resentidos y decepcionados. Si tratamos
de hacer que el Cielo (es decir, el más allá después de la
muerte) sea el Reino, nos perderemos de la mayor parte de
su mensaje de transformación. No estamos esperando la
venida de una iglesia ideal o de ningún mundo perfecto,
aquí y ahora, o incluso sólo para el próximo mundo. El
reino es más que todos estos. Está siempre acá y no siempre está acá. Está siempre ahora y todavía no. Ninguna
institución puede englobarlo. Esto queda muy claro en los
textos donde Jesús describe al reino. Todas las religiones
falsas proceden, en un cierto sentido, de una sola ilusión.
Cuando las personas dicen devotamente, "tu reino vendrá"
por un lado de su boca, ellos necesitarían decir también,
"mi reino, ¡vete!" con el otro lado. El reino de Dios reem-
plaza y por mucho sobrepasa a todos los reinos del ser y de
la sociedad o de las recompensas personales.

Como Jesús dijo en otra parte: "Nadie puede servir a
dos amos, él siempre amará a uno e ignorará al otro"
(Mateo 6:24). Nuestra lealtad primera y final es a un reino.
El de Dios o el nuestro. No podemos realmente falsificarlo.
El Gran Cuadro es aparente cuando el trabajo y la voluntad de Dios son centrales y nosotros somos felices de tomar
nuestro lugar en la esquina del marco. Esto es "haciendo la

voluntad de mi Padre en el cielo" y es lo que permite que el mayor teatro de la vida y del amor se desenvuelva.

Yo creo que Jesús estaba enseñando una versión más extensa de lo que muchos de nosotros actualmente decimos, que debemos "pensar globalmente y actuar localmente". Porque yo soy una parte del Gran Cuadro, a *mí* me importa y de manera sustancial. Porque yo soy *sólo* una parte, sin embargo, al margen, pero aún dentro del escenario —y feliz de que así sea—. ¡Qué libertad encierra tal verdad! *Somos inherentemente importantes y estamos incluídos, sin embargo, no estamos agobiados con construir o sostener esa importancia privada.* ¡Nuestra dignidad es otorgada por Dios y estamos liberados de nosotros mismos!

Sin embargo, más aún se convierte en algo más grande y mejor porque la proclamación del reino de Dios nos libera también de las idolatrías sociales. No podemos seguir diciendo, "tu reino vendrá", "venga tu reino", cuando realmente estamos confiando en nuestras naciones, partidos políticos, militares, bancos e instituciones para que nos salven. En algún nivel, estos también tienen que ser relativizados si es que el Gran Reino alguna vez vendrá y es por eso, que el Papa Juan Pablo II tan a menudo habló del "pecado estructural" y del "mal institucional". Podemos "usar" los sistemas de este mundo, yo confío sabiamente, pero no podemos nunca "creer" en ellos. ¡Nosotros sólo *creemos* en Dios! Cualquier iglesia universal, cualquier persona verdaderamente católica deberían ser los primeros en entender esto: "Ven, Señor Jesús", quiere decir que nosotros no gastamos demasiado tiempo confiando en que otras "Señorías" alguna vez, finalmente, nos salvarán.

Reflexiona

¿Cuáles "reinos" necesitas abandonar antes de que puedas disfrutar del reino del cielo?

Viernes de la Primera Semana de Adviento

Isaías 29:17–24; Mateo 9:27–31

—⁓—

Los descarriados entrarán en razón y los
rebeldes se dejarán instruir

—Isaías 29:24—

Reconociendo la Verdad de Dios

Jesús claramente dijo que el reino de los cielos está entre nosotros (Lucas 17:20) o "a la mano" (Mateo 3:2; 4:17). Uno se pregunta por qué lo convertimos en un sistema de recompensas para más tarde, o como alguien lo llamaba, "un plan divino de evacuación" de este mundo. Tal vez era más fácil obedecer leyes y practicar rituales para una recompensa posterior, que ser realmente transformados ahora.

El precio para una transformación real es alto. Significa que tenemos que cambiar nuestras lealtades al poder, al éxito, al dinero y al control (lee: "nuestros reinos"), al Señorío de Jesús y al reino de Dios. De ahora en adelante, existe sólo una cosa que es Absoluta y, en relación a ésta, todo lo demás es relativo –todo– incluso la iglesia, (no pienses que soy desleal porque el fracaso en entender esto es lo que llevó recientemente a muchos de nuestros líderes a problemas), incluso nuestra nación, incluso la seguridad nacional, incluso nuestra riqueza y nuestras posesiones, incluso nuestra identidad y nuestra reputación. Todas nuestras redes de seguridad deben ser ahora de importancia secundaria o terciaria, o inclusive ser abandonadas porque ¡Jesús es el Señor! Sea lo que fuera en lo que confías para validarte y asegurarte, es tu verdadero dios y el Evangelio está preguntando, "¿cuál es tu verdadero Dios?"

Podemos ver el porqué existen tan pocas personas del reino. Jesús está diciendo que todos estos sistemas se están terminando y que son limitados y que no deberíamos poner todos nuestros huevos en tales canastas. Sí, necesitamos trabajar al interior de estas instituciones por el orden social y algún grado de justicia, pero no deberíamos pensar que estos sistemas algunas vez alcanzarán, por ellos mismos, la justicia de Dios o el reino de Dios. Si una persona cree esto, él o ella, terminarán amargados en la segunda mitad de la vida.

REFLEXIONA

¿Qué en tu vida te proporciona felicidad y satisfacción falsas e impiden que la verdad de Dios irrumpa en tu vida?

Sábado de la Primera Semana de Adviento

Isaías 30:19–21, 23–26; Mateo 9:35–10:1, 5a, 6–8

———∿∿∿———

> Diríjanse más bien a las ovejas perdidas del pueblo de Israel. A lo largo del camino proclamen: ¡El Reino de los Cielos está ahora cerca!
>
> —MATEO 10:6–7—

JESÚS, UN REFORMISTA RADICAL

El reconocimiento del Gran Cuadro es probablemente tan raro en nuestra era como lo fue en tiempos de Jesús. ¿Por qué debería ser diferente? Aún los doce apóstoles tuvieron dificultad con éste. Nunca será popular. Nunca será para las masas —a menos que éstas estén despiertas y conscientes—. De otra forma, ellas usualmente sustituirán una perfecta sociedad, al cielo o la iglesia por el Cuadro Verdadero y Grande. Vivimos en el intermedio y con un exceso de esperanza porque *existe sólo lo justo de "ahora" que nos asegura del "todavía no"*.

Jesús le dio al mundo un mensaje, que al ir en contra de la intuición, era necesario para la profundidad y para la reforma, que sigue llevándose a cabo en todas las religiones del mundo. Él fue un reformista radical de su propia religión judía, y por eso, de todas las religiones, *que normalmente siguen los patrones clásicos del judaísmo, de llegar tanto a entender el mensaje como posteriormente de oponer su propio mensaje.* Desafortunadamente, aplicamos todas las críticas de Jesús (véase: Mateo 23) a "esos judíos incorregibles y duros de corazón" y olvidamos que las mismas críticas se aplican al católicismo, al cristianismo ortodoxo y a cualquier reforma protestante de los últimos 500 años. Cada uno y todos somos *ahora y todavía no y todos vivimos en el intermedio.*

En el Evangelio de hoy, Jesús aparece tendiendo la mano a las "ovejas perdidas de la casa de Israel" y tratando de regresarlas al judaísmo auténtico (¡no a ese punto, hacia una nueva religión!), pero esa misma autenticidad evolucionó en el cristianismo o en "las buenas noticias" para muchos que estaban despiertos y conscientes. Aún ahora, podemos unirnos al "nuevo Israel" y ser aún ovejas perdidas de nuevo porque los patrones de engaño son los mismos en cada era y en cada religión.

REFLEXIONA

¿Qué percepciones falsas posees del reino de Dios? ¿Qué perspectivas necesitas alcanzar?

 Segundo Domingo de Adviento

Año A: Isaías 11:1-10; Romanos 15:4-9; Mateo 3:1-12

Año B: Isaías 40:1-5, 9-11; 2 Pedro 3:8-14; Marcos 1:1-8

Año C: Baruc 5:1-9; Filipenses 1:4-6, 8-11; Lucas 3:1-6

> Él proclamaba: "Detrás de mí viene uno con más poder que yo. Yo no soy digno de desatar la correa de sus sandalias, aunque fuera arrodillándome ante él. Yo los he bautizado con agua, pero él los bautizará en el Espíritu Santo.
>
> —MARCOS 1:7-8—

JUAN, EL MAESTRO DEL DESCENSO

Las cualidades de Juan, el Bautista son excepcionales y sin embargo, cruciales para cualquier reforma o transformación auténticas de las personas o grupos. Por eso es que nos concentramos en Juan El Bautista en cada Adviento y porqué Jesús confía en él y acepta que no esté autorizado por los líderes del Templo y admite su poco convencional ritual natural, mientras que también va más allá de él. El agua es sólo el contenedor; el fuego y el Espíritu son el contenido, decía Juan. Aunque nosotros no somos como el gran Juan, nosotros invariablemente sustituiremos nuestro propio pequeño contenedor por el verdadero contenido. Sustituiremos los rituales por la realidad, en lugar de dejar que los rituales nos señalen más allá de ellos mismos.

Juan, el que Bautizaba, es la más extraña combinación de convicción y humildad, de moralidad y misticismo, de la profesía radical y de la vida en el presente, en el ahora mismo. Este hijo de la clase sacerdotal del templo hacía sus cosas a contracorriente; fue un hombre nacido en los privilegios, que se vestía como un *hippie*; era una superestrella, dispuesto a abandonarlo todo, creando su propio bautismo en el agua y después diciendo que lo que verdaderamente importaba ¡era el bautismo del "Espíritu y fuego"! Él es una paradoja viviente, y aún Jesús decía de él: "No existe hombre más grande que Juan... pero él también es el último" en la nueva realidad que yo estoy provocando (Mateo 11:11). Juan lo percibe y no lo percibe completamente y es por ello que debe salir del escenario recién iniciado el drama. Él ha jugado su parte única e importante y lo sabe. Lo de él es una brillante espiritualidad del descenso mas no del ascenso. "Él debe crecer más, yo debo disminuirme" (Juan 3:30).

El único camino en que tal libertad puede ocurrir es si Juan hubiera aprendido a estar vacío de sí mismo cuando era joven, antes de construir su torre del éxito. Su ego estaba tan fuera del camino, que él podía abandonar a su propio ego, a su propio mensaje y aún a su propia vida. ¡Esto es seguramente el verdadero significado de su cabeza en una bandeja! Algunos han dicho ingeniosamente que ego es un acrónimo para "Apartando a Dios". Tiene que existir tal vacío o nosotros no podríamos dirigirnos hacia Jesús como Juan lo hizo. Tal vacío no sólo cae en nuestros regazos; tal humildad no simplemente ocurre. Es seguramente el producto final de un millar de dejarse ir y de un millar de actos de devoción, gracias a los cuales Juan El Bautista gradualmente se apartó de sí mismo para dejar que Dios entrara.

Reflexiona

¿Cómo es tu espiritualidad, una de ascenso o una de descenso?

Lunes de la Segunda Semana de Adviento

Isaías 35:1–10; Lucas 5:17–26

La Gracia y la Verdad se han encontrado,
la Justicia y la Paz se han abrazado;
de la tierra está brotando la verdad,
y del cielo asoma la justicia.

—SALMO 85:10–11—

AGUARDANDO EN LA OSCURIDAD

La oscuridad nunca se irá totalmente. He trabajado lo suficiente en el ministerio como para saber que la oscuridad no irá a desaparecer, pero como el Evangelio de Juan dice, "la luz brilla adentro de la oscuridad y la oscuridad no la superará" (1:5). Tal es el enunciado cristiano del yin-yang, nuestra propia creencia en la paradoja y el misterio.

Todos debemos confiar y trabajar en eliminar a la oscuridad, especialmente en muchas de las grandes cuestiones sociales de nuestro tiempo. Quisiéramos que el hambre en el mundo pudiera ser eliminada. Quisiéramos que se dejaran de gastar los recursos de la tierra en armamento. Quisiéramos poder parar las muertes del vientre a la tumba. Pero en un cierto punto, nos debemos rendir al hecho que la oscuridad siempre ha estado allí y que la única pregunta real es cómo recibir la luz y ampliar la luz. No se trata de capitular más que lo que la cruz fue una capitulación. Es una transformación real en el carácter y programa absolutamente único del Cristo Viviente.

Lo que necesitamos hacer es reconocer qué es, de hecho, la oscuridad y después aprender a vivir con ella en una relación creativa y valiente. En otras palabras, no llames a la oscuridad, *luz*. No llames a la oscuridad, *bien*, que es la seducción que ha ocurrido a muchas personas, tanto en la izquierda como en la derecha. A ellos no se les ha enseñado la mayor parte de la sabiduría o del discernimiento. La forma más común de liberar nuestras tensiones internas es dejar de llamar a la oscuridad, *oscuridad* y pretender que es una luz aceptable. Otra forma de liberar tu tensión interior es la de plantarte enojada y obsesivamente en contra de ella, pero entonces te conviertes en la imagen de espejo de ella. ¡Cualquiera puede ver esto menos tú!

Nuestra sabiduría cristiana consiste en llamar a la oscuridad, oscuridad y a la Luz, luz y en aprender cómo vivir y trabajar en la Luz, de tal forma, que la oscuridad no nos abrume. Si hacemos castillos en el aire, todo-es-una bella actitud, de hecho, seremos atrapados por la oscuridad, porque no estamos viendo suficientemente claro para separar el trigo de la paja (la tentación "liberal" más común). A la inversa, si sólo podemos ver la oscuridad y nos olvidamos de la Luz más fundamental, seremos destruídos por nuestra negativismo y fanatismo, o creeremos ingenuamente que estamos *alejados de la oscuridad* (las más común de las tentaciones "conservadoras"). En cambio, debemos esperar y trabajar con esperanza adentro de la oscuridad —mientras que jamás dudamos de la luz que Dios siempre es— y que nosotros somos también (Mateo 5:14). Ésa es la estrecha vía del nacimiento de Dios en el mundo —*a través* de la oscuridad y hacia una Luz aún más inmensa—.

¿De cuáles partes de tu vida estás tratando de expulsar a la oscuridad en lugar de vivir con ella como una maestra y una transformadora?

Martes de la Segunda Semana de Adviento

Isaías 40:1–11; Mateo 18:12–14

—⁓—

> Pasa lo mismo donde el padre de ustedes, el
> Padre del Cielo: allá no quieren que se pierda
> ni tan sólo uno de estos pequeñitos.
>
> —MATEO 18:14

DE REGRESO A LA FE

Yo fui capellán de la cárcel de Albuquerque durante catorce años. Fue tan gratificante predicar a los hombres y mujeres en la cárcel. Ellos no poseen toda esta fuerte sofisticación que yo había aprendido. No están perdidos en los mundos de las palabras, por los cuales todo se convierte en vago. Para ellos es muy claro *qué* significa la muerte; para ellos es muy claro *qué* está destruyendo a las personas y algunas veces, *cómo* es que se destruye a las personas. Simplemente no existe la misma clase de autoprotección o capacidad de negación en sus almas porque todos han estado en el fondo. Yo, siempre pude hablar en términos reales en la cárcel; mientras tanto, en las parroquias, a menudo, tuve que hablar "bonito".

Cada domingo, por la mañana, en la cárcel, yo celebraba tres misas, y la tercera era con mujeres. Mujeres encarceladas, que siempre se sentían tan mal consigo mismas. La sociedad sostiene la noción común que supone que los hombres deben ir a la cárcel; que los hombres son malos. Pero la sociedad dice que las mujeres no son malas; las mujeres son buenas; las mujeres tienen hijos; las mujeres poseen empatía: las mujeres no van a la cárcel. Sin embargo, las mujeres en la cárcel arrastran un montón de culpa y vergüenza. Ellas a menudo me preguntaban, "¿por qué estoy acá?". Las mujeres se sentían tan culpables porque sus hijos estaban en la casa y estas mujeres estaban en la cárcel. ¿Cómo podía una madre decirle a sus hijos que ella está en la cárcel y permitir que sus hijos piensen que su mamá es una mala persona?

Estas mujeres deben excarbar en lugares adentro de ellas mismas, que tú y yo no tenemos que excarbar. La religión por sí misma no es suficiente para tales mujeres y hombres. Estas mujeres y hombres deben arañar su regreso a la fe y cuando llegan, a menudo, es la cosa verdadera. Siempre decimos, "la religión es para quienes tienen temor del infierno o de Dios, mientras que la espiritualidad es para las personas que han pasado a través del infierno y han 'sufrido' a Dios".

Nosotros, los tipos simpáticos, usualmente no tenemos que arañar nuestro camino de regreso a la fe. Nos sentimos confortables por un largo tiempo con la religión externa y con una moral cortés. Dios nos guiará a cada uno de nosotros, estoy seguro, pero por un sendero diferente, de tal manera, que un día todas las religiones tendrán que ser, fe, amor, humildad y entrega —¡o no se trataría de la verdadera religión! — Ninguno de "los pequeñitos de Dios se perderá". Y nosotros somos "uno de esos pequeñitos" también, sólo que de una forma diferente.

REFLEXIONA

¿Cuándo has estado tan perdido que has tenido que regresar a las raíces mismas de tu fe?

Miércoles de la Segunda Semana de Adviento

Isaías 40:25–31; Mateo 11:28–30

—⁓—

> Vengan a mí los que van cansados, llevando
> pesadas cargas, y yo los aliviaré.
>
> —MATEO 11:28—

Es seguro decir que existe confusión sobre lo que se *necesita* para la vida y lo que realmente es *importante* para la vida. La vasta mayoría de los almacenes americanos parecen estar vendiendo lo que se *quiere* y no lo que se *necesita*. Lo que hoy llamamos necesidades fueron antes lo que queríamos, y han ascendido a tal nivel de sofisticación que ahora los lujos son "necesidades" para muchos de nosotros. La movilidad ascendente en nuestra cultura no puede sentirse bien consigo misma a menos que las vacaciones del año entrante sean más lujosas que las de éste, a menos que la ropa y la casa se mejoren, a menos que se adquiera el más reciente artilugio. Esto nos mantiene a todos muy atrapados y sin libertad e inherentemente insatisfechos. Estamos corriendo en una rueda perpetua de hámster.

Mientras tanto, la mayoría de la gente de Dios en esta tierra se muere de hambre; la mayoría de la gente de Dios tiene que aprender a encontrar la felicidad y aprender a encontrar la libertad en un nivel mucho más simple. Lo que el Evangelio está diciendo, por supuesto, es que tal simplicidad es el único lugar en donde la felicidad alguna vez se encontrará de primero. Nos hemos movido a un nivel donde hemos convertido a la felicidad y a la satisfacción, en gran medida, en imposibles. Hemos creado una seudo felicidad, en gran parte basada en *tener* en lugar de en *ser*. Estamos tan sobrestimulados que lo ordinario ya no nos deleita. No podemos permanecer o habitar en *nuestro ser desnudo en Dios*, tal como Jesús nos lo ofrece.

Tal mensaje se trata de un evangelio tan tradicional, fuera de moda y conservador como sea posible predicarlo, y siempre será verdadero. Cada generación necesita oírlo y creerlo de nuevo, pero especialmente en nuestra época y cultura, cuando aún las personas de clase media tienen más comodidades y seguridades, que las que tuvieron los reyes y reinas cuando la realeza floreció. Nos hemos convertidos en hacedores humanos más que en seres humanos, y el verbo "descansar", como Jesús lo utiliza, es en gran medida ajeno a nosotros. En realidad tal descanso se siente como si fuese "nada", por lo cual es muy difícil vendérselo a las personas que no valoran el descanso.

REFLEXIONA

¿Qué en tu vida, material o no, estás utilizando para llenar una necesidad que, en realidad, debería ser buscada en otra parte?

Jueves de la Segunda Semana de Adviento

Isaías 41:13–20; Mateo 11:11–15

—⁓—

¡El que tenga oídos para oír, que lo escuche!

—MATTHEW 11:15

forma errónea porque cada uno tiene un carácter paradójico que demanda algún grado de pensamiento no dual.

Jesús está hablando hoy a todos nosotros y no sólo a aquéllos realmente malos que andan por ahí. Podemos ser muy sinceros, bien intencionados y aún querer ser amorosos, pero las grandes cuestiones aún nos llevarán a la ceguera y a la sordera de las cuales habla Jesús. Es principalmente el gran amor y el gran sufrimiento los que crean el oír espiritual y el ver más. Los sistemas de creencias y los rituales de la iglesia, solos, por sí mismos no aseguran tal transformación. Esto es seguramente lo que Jesús critica de la inhabilidad de las personas de entender las leyes y a los profetas en el Evangelio de hoy, en el cual todos ellos "creyeron", pero que no entendieron para nada. Fíjate que Jesús no está aquí hablándole a los hombre malos, sino que sólo a "las personas", a la gente común y corriente (Mateo 11:7).

REFLEXIONA

¿Tiendes a pensar de forma dualística? ¿Te ayuda el ser más amoroso? ¿Te ayuda el ser más obediente al evangelio?

Viernes de la Segunda Semana de Adviento

Isaías 48:17–19; Mateo 11:16–19

> "Si hubieras estado atento a mis leyes, la
> dicha te hubiera inundado como un río.
> Habrías sido fuerte como las olas del mar, y
> tus hijos numerosos como los granos de
> arena, y tu nombre no sería nunca arrancado
> o borrado de mi vista"
>
> —Isaías 48:18,19—

María, la Imagen Perfecta de lo Fructífero

¿Cómo damos nacimiento también como María lo hizo?

Tendemos a manejar más la vida que lo que la vivimos. Todos estamos sobreestimulados y ahogándonos en opciones. Somos entrenados para ser gerentes, para organizar la vida, para hacer que las cosas sucedan. Eso es lo que construye nuestra cultura. No es tan del todo malo, pero si tú transfieres esto a la vida espiritual, es pura herejía. Está equivocado. No funciona. No es el evangelio. Podríamos ser ricos en términos económicos, pero no espiritualmente fértiles, como Isaías lo enseña. Si María llevaba a Jesús confiadamente durante este tiempo, es porque ella sabía cómo recibir los regalos espirituales, de hecho, *el* regalo espiritual. Ella es probablemente la imagen perfecta de cómo la fertilidad y lo fructífero irrumpen en este mundo.

No podemos manejar, maniobrar o manipular la energía espiritual. Se trata de dejarse ir y de recibir lo que es dado libremente. Es el vaciarse gradualmente de nuestras ataduras a nuestro pequeño ser de forma tal, que exista espacio para una nueva concepción y un nuevo nacimiento. ¡Debe darse algún desplazamiento antes que pueda existir cualquier nuevo "reemplazo"! María es el arquetipo de tal autodesplazamiento y rendición. Si Jesús es el símbolo del don en sí mismo y de cómo Dios concede este don, entonces, María es el símbolo de cómo el don es recibido y atesorado. Lo que sea que Dios conceda es siempre experimentado como una gracia totalmente no ganada y nunca como un salario, como una recompensa o como cualquier medalla al mérito. De hecho, si tú la experimentas de esa forma, no proviene de Dios y no ampliará tu corazón, mente o alma.

No existe mención alguna de ningún mérito moral, logro o preparación en María, solamente la confianza humilde y la rendición. Ella nos entrega a todos nosotros una esperanza insondable en nuestro propio pequeño estado. Si nosotros mismos tratamos de "administrar" a Dios o de fabricar nuestros propios méritos a través de cualquier principio de actuación, nunca produciremos a Cristo, sino que sólo a nosotros mismos. María no administra, fija, controla o "actúa" de forma alguna. Ella solamente dice "¡sí!" y produce la abundancia que Isaías promete ("río", "olas", "arenas de las playas del mar"). ¡Esto es verdaderamente imponente!

¿Cómo puedes recibir en lugar de administrar la vida? ¿Cómo es que la administración te da un sentido de importancia? ¿Cómo recibir te da un sentido de irrelevancia?

Sábado de la Segunda Semana de Adviento

Sirácida 48:1-4, 9-11; Mateo 17:9a, 10-13

—⁓—

> "No anden tan preocupados ni digan: ¿tendremos alimentos?, o ¿qué beberemos?, o ¿tendremos ropas para vestirnos? Los que no conocen a Dios se afanan por estas cosas, pero el Padre del Cielo, Padre de ustedes, sabe que necesitan todo eso. Por lo tanto, busquen primero su reino y su justicia, y se les darán también todas esas cosas".
>
> —MATEO 6:31-33—

MENOS ES MÁS

Nunca he estado más ocupado en mi vida que recientemente. ¿Qué derecho tengo yo de hablar sobre contemplación cuando he estado viviendo a toda marcha?

Pareciera como si tendiéramos a pensar que más es mejor. Se me dice, que estar ocupado es, de hecho, ¡un símbolo de estatus para nosotros! Es extraño que cuando las personas tienen tanto, estén tan ansiosas por no tener lo suficiente – hacer, ver, poseer, componer, controlar, cambiar–.

Hace algunos años cuando estaba en Nicaragua, le pregunté a un hombre si él tenía tiempo [para hablar] y él dijo, "tengo el resto de mi vida" y sonrió. ¿Quién de nosotros podría posiblemente decir eso? Eso es lo que nosotros no tenemos. Lo que no tenemos es el resto de nuestras vidas porque incluso no tenemos el *ahora mismo* de nuestras vidas. Las decisiones que tomamos en nuestro pasado decidieron nuestro mañana; las tarjetas de crédito y las hipotecas, la planeada obsolescencia de casi todo lo que poseemos, nos mantiene a todos corriendo. Y nosotros no estamos seguros del por qué. Nosotros no tenemos el resto de nuestras vidas. Todo está determinado. Todo está seguro, asegurado y nos hemos preocupado sobre todo esto antes de su debido tiempo.

Hemos crecido con toda clase de aparatos ahorradores de tiempo y sin lugar a dudas muchos de nosotros recibiremos aún más de éstos para Navidad, tal vez encontraremos debajo de nuestros árboles de Navidad, una waflera para ahorrar tiempo en el desayuno o un calentador de bollos para acelerar los preparativos de la cena. Una vez poseamos estos aparatos, entonces, construiremos cocinas más grandes que requieren de más limpieza y de más energía para almacenar más de nuestros aparatos ahorradores de tiempo. Todos estos objetos nos ahorrarán tiempo, ¡no!

Tiempo es exactamente lo que no tenemos. Lo que disminuye en una cultura de prosperidad es precisa y extrañamente el tiempo —a la vez que la sabiduría y la amistad—. Es para estas cosas verdaderas que el corazón humano fue creado, de lo que el corazón humano se alimenta y por lo que vive. No es de extrañarse de que estemos produciendo tantas personas deprimidas, enfermas y aun violentas, mientras que también estamos dejando una enorme huella de contaminación en este pobre planeta.

Jesús nos lo dijo totalmente claro: "¿Por qué estás tan ansioso? ¿Por qué corres atrás de cosas tal como lo hacen los paganos? ¿Qué comeré? ¿Cómo me vestiré? No debes preocuparte por el mañana. Cada día se cuidará de sí mismo" (Mateo 6:33-34). Pero por alguna razón, lo que más hacemos es reprocesar el pasado y preocuparnos por el mañana. Esto debería decirnos que no hemos entendido muy bien el mensaje espiritual de Jesús. Ahora la tierra misma nos lo está diciendo.

REFLEXIONA

¿Cuáles de una o dos cosas necesitas hacerlas bien? ¿Qué debes dejar de hacer para hacer eso?

Tercer Domingo de Adviento

Año A: Isaías 35:1-6a, 10; Carta de Santiago 5:7-10; Mateo 11:2-11

Año B: Isaías 61:1-2a, 10-11; 1 Tesalonicenses 5:16-24; Juan 1:6-8, 19-28

Año C: Sofonías 3:14-18a; Filipenses 4:4-7; Lucas 3:10-18

———

> "El Espíritu del Señor Yavé está sobre mí... Me
> ha enviado con un buen mensaje para los
> humildes, para sanar los corazones heridos,
> para anunciar a los desterrados su liberación, y
> a los presos su vuelta a la luz".
>
> —ISAÍAS 61:1

RELACIONADOS EN EL ESPÍRITU

El Espíritu siempre conecta, reconcilia, perdona, sana y convierte a dos en uno. Se mueve más allá de las fronteras fabricadas por el hombre para realinear y renovar totalmente aquello que está separado y alienado. Lo "diabólico" (de dos palabras griegas, *dia balein*, que significa "desunir"), en contraste, siempre separa lo que debería estar unido y en paz. Así como el Espíritu siempre convierte a dos en uno, así ¡el malo invariablememnte hace dos de uno! El malo siempre desgarra el tejido de la vida, en tanto, el Espíritu viene para componer, suavizar y sanar.

En la lectura de hoy de Isaías, el profeta describe la venida del Sirviente de Yavé. Es precisamente esta cita la que Jesús primero utiliza para anunciar la naturaleza exacta de su ministerio (Lucas 4:18-19). En cada caso, Jesús describe su trabajo como aquél que se mueve fuera de los límites y fronteras correctos y adecuados para reunir las cosas que han sido marginalizadas o excluídas por la sociedad: los pobres, los presos, los ciegos, los oprimidos. Su ministerio no consiste en reunir a los llamados buenos en un club social exclusivo, sino en alcanzar a aquéllos que están en el límite y en el fondo, aquéllos que son "los últimos" en decir que son, de hecho, ¡primeros! Ésa es casi la exacta descripción del trabajo del Espíritu Santo, y por lo tanto de Jesús.

Lo más que podamos reunir, lo más que podamos "perdonar" y permitir, lo más que podamos incluir y disfrutar, lo más tenderemos a estar viviendo en el Espíritu. Mientras más necesitemos rechazar, oponer, denegar, excluir y eliminar, más abiertos estaremos a las voces negativas y destructivas y a nuestros peores instintos. Como siempre, Jesús es nuestro modelo de sanación, de extensión de nuestra compasión y de la reconciliación, el hombre esencial del Espíritu.

REFLEXIONA

¿Qué divisiones existen en tu vida? ¿Cómo puedes permitir al Espíritu que sane estas divisiones?

Lunes de la Tercera Semana de Adviento

Números 24:2-7, 15-17a; Mateo 21:23-27

—⁓⁓—

> Entonces contestaron a Jesús: "No lo sabemos."
> Y Jesús les replicó: "Pues yo tampoco les diré
> con qué autoridad hago estas cosas."
>
> —MATEO 21:27—

EL PENSAMIENTO NO DUAL

¿Nos puede importar intensa y apasionadamente y no importarnos en el mismo momento? Si estamos buscando la voluntad de Dios y no la nuestra, ocurre un tanto fácilmente. Hacemos lo mejor que podemos, pero si estamos distanciados de cualquier necesidad de éxito y respuesta personales. Entonces nos puede importar y no importar en el mismo momento. Ésta es la verdadera libertad espiritual.

¿Podemos todavía entender tal concepto? ¿Suena como un doble discurso? Todas las grandes doctrinas espirituales invariablemente poseen un carácter paradójico en sí mismas. Por ejemplo, creemos que Jesús es humano y divino al mismo tiempo. María es virgen y madre al mismo tiempo. La Eucaristía es pan y Jesús al mismo tiempo. Dios es la vez tres y uno al mismo tiempo. Éstas son todas contradicciones

Cada vez me impacta más cuánto habla Jesús de ver, oír, escuchar y de no ser ciego, como en el Evangelio de hoy. Yo solía pensar que él sólo estaba señalando a las personas duras de corazón y a las malvadas, ciertamente no a las gentes ordinarias como tú o yo. Mientras más he trabajado con las personas, sin embargo, más veo que es una ceguera cultural e institucional, la que nos impide a nosotros ver más profundamente y que no se trata de una mala voluntad personal. La mayor parte de las veces pensamos como los demás que nos rodean, a menos que hayamos realizado unos verdaderos viajes internos de amor, oración y sufrimiento. Sin el gran amor y/o sin el gran sufrimiento, la conciencia humana permanece en la lucha-o-en la huida, en cualquiera/o, en un nivel de todo-o-nada. La mente dual, que ahora podemos demostrar, es el nivel más bajo de las funciones del cerebro, y nunca tendrá la capacidad de acceder, menos aún de ocuparse de las verdaderamente grandes cuestiones, que invariablemente son "misteriosas".

¿Cuáles son las grandes cuestiones? Yo quisiera hacer una lista con amor, libertad, maldad, Dios, eternidad, no violencia, perdón, gracia y compasión. Estos, la mente dual no los puede entender y, de hecho, los entiende totalmente de

¿Cuáles son, al parecer, las paradojas irresolubles en tu vida? ¿Cómo las manejas emocionalmente? ¿Intelectualmente? ¿Espiritualmente?

Martes de la Tercera Semana de Adviento

Sofonías 3:1-2, 9-13; Mateo 21:28-32

—⁓—

> "...en el camino al Reino de los Cielos, los publicanos y las prostitutas andan mejor que ustedes. Porque Juan vino a abrirles el camino derecho y ustedes no le creyeron, mientras que los publicanos y las prostitutas le creyeron. Ustedes fueron testigos, pero ni con esto se arrepintieron y le creyeron."
>
> —MATEO 21:31A-32—

La Imitación de Dios

Acá está Jesús hablando en acertijos otra vez. Si yo hablara o escribiera en tal forma, ¡tú probablemente me acusarías de relativismo moral o de pensamiento difusos! ¿Cómo aprendemos a vivir en tales confusiones? De primero, debemos estar dispuestos a admitir las contradicciones al interno de nosotros mismos y aún así permitir que Dios nos ame en ese estado parcial. Una vez hayamos admitido ver nuestro lado en la sombra, nuestra propia tontería, nuestro propio pecado y aún sepamos que Dios no nos ha abandonado, nos convertiremos en una paradoja viviente, que nos revela la bondad de Dios. Esto es lo que los recolectores de impuestos y las prostitutas tuvieron que hacer y lo que los cambió. Fíjate que las personas "buenas" no estaban dispuestas a "cambiar sus mentes" acerca de ellos mismos, ni acerca de Dios. Una vez sabemos que Dios vive adentro de nuestras contradicciones y que el amor de Dios no depende de nuestra perfección, entonces, las contradicciones de otras personas ya no nos escandalizan, ni nos sorprenden. Por lo tanto, de ahora en adelante, podemos ser más pacientes y compasivos con otros porque hemos permitido ¡que Dios haga lo mismo con nosotros!

Básicamente, la vida moral cristiana es, ni más ni menos, "la imitación de Dios" (Efesios 5:1). Yo soy una masa de contradicciones y aún así soy también un santo. Soy una muy buena persona y soy también una persona pecadora. Lo entiendo y aún así, me opongo también a ello. ¿Son ambas cosas verdaderas? Sí, ambas son siempre y para siempre verdaderas y por alguna razón maravillosa, eso es lo que Dios ama. La fe es rendirse personalmente a tal misterio –no en un nivel teórico, pero justamente adentro de nosotros sobre una base diaria–. Las pobres prostitutas no tenían alternativa y si somos honestos, nosotros tampoco. Esto es lo que yo quiero decir por "vivir tú mismo en una nueva forma de pensamiento". *Cada cambio de mente es, ante todo, un cambio de corazón y si el corazón no cambia, las ideas nuevas no tardan lo suficiente.* Todos "conocemos del misterio de la salvación a través del perdón de los pecados", como dijo San Lucas (1:77), porque perdonar no es algo que Dios hace, es quien Dios es. No existe probablemente otra forma de entender la naturaleza de Dios a excepción de pararnos diariamente debajo de la catarata de la misericordia divina y, entonces, convertirnos en medios de transmisión de esa misma corriente.

REFLEXIONA

¿Puedes nombrar cuando menos una de tus propias contradicciones internas? ¿Piensas que Dios aún puede amarte? ¿Puedes amarte a ti mismo?

Miércoles de la Tercera Semana de Adviento

Isaías 45:6c–8, 18, 21c–25; Lucas 7:18b–23

Justicia y fuerza están solo en Yavé... y toda
la raza de Israel conseguirá con Yavé el triunfo y la gloria".

—Isaías 45:24,25—

Autoimagen

Uno de los mayores problemas en la vida espiritual es nuestra atadura a nuestra propia autoimagen —creada tanto pos-
itiva como negativamente—. Tenemos que empezar con
alguna clase de identidad, pero el problema es que confundi-
mos esta *idea* de nosotros mismos con quienes *somos* de
hecho en Dios. Las ideas sobre las cosas no son las cosas en
sí mismas. Todos tenemos que empezar formándonos una
autoimagen, pero nuestro problema es nuestra atadura a ésta,
nuestra necesidad de promoverla y protegerla y de hacer que
a otros les guste. ¡Qué trampa!

Afortunadamente, esto es lo que el Espíritu debe
remover de nosotros de tal forma que podamos encontrar
nuestro "triunfo y gloria", como dice Isaías, en la imagen
que Dios tiene de nosotros, en vez de en la imagen de
nosotros mismos la cual, de todas formas, siempre está cam-
biando. Quienes somos en Dios (Gálatas 2:20-21) es un
cimiento mucho más duradero y sólido. Yo siempre digo,
que siempre aceptaré el bondadoso juicio, que Dios tiene de
mí, cualquier día, que es siempre paciente y misericordioso

en contraposición a la imagen irreflexiva del vecino sobre mí. *Dios siempre ve a su hijo Jesús en mí y ¡no puede no amarlo!* (véase: Juan 17:22-23). Ésta es una autoimagen sólida y perdurable ya sin altibajos.

Cuando yo me inicié en el ministerio a inicios de la década de los setentas en Cincinnati y trabajé con jóvenes, parecía como si yo empleaba la mayor parte del tiempo en convencer a los adolescentes que ellos eran buenos. Parecía como si ellos eternamente se odiaban a sí mismos. Más tarde vi que esto también sucedía en los adultos, quienes siempre desconfiaban y se temían a sí mismos. Ellos tenían que gastar mucha de su energía, para usar la frase americana, en tratar de "sentirse bien consigo mismos". Su autoimagen estaba basada en mera información psicológica en lugar de en la verdad teológica. Lo que el Evangelio nos promete es que nosotros *somos objetiva e inherentemente hijos de Dios* (véase: 1 Juan 3:2). Esto no es un valor psicológico, es ontológico, metafísico y sustancial y no puede ser ganado o perdido. Cuando esta imagen de Dios, que nos es dada, se convierte en nuestra autoimagen, somos liberados en nuestra propia casa, y ¡el Evangelio es casi de las mejores buenas noticias por las que nosotros podemos esperar!

Estoy convencido que tanta culpa, tanta autoimagen baja y negativa, tanto auto-odio y tanta autopreocupación ocurren porque hemos permitido que nuestros cristianos se sienten en casa en un mundo, que toma sus ejemplos e identidad de un mundo, que para principiar, Jesús ¡nunca nos dijo que tomáramos como una normativa! Como Juan dice, "¿por qué se miran unos a otros buscando aprobación en vez de la que proviene de un solo Dios?" (5:44). ¡Tantos de nosotros que aceptamos ya sea una autoimagen exitosa como una negativa *dentro de un sistema de imágenes falsas*! Esto nunca funcionará. Debemos encontrar nuestro verdadero ser "escondido con Cristo en Dios" como Pablo dice (Colosenses 3:3). O como Teresa de Ávila lo expresó, *"encuentra a Dios en ti mismo y encuéntrate en Dios"*. Así no vivimos con altibajos, sino que estamos construídos sobre la Roca de los Tiempos.

Reflexiona

¿Cuáles de tus autoimágenes (positivas o negativas) se interponen en tu relación con Dios? Siempre que estamos a la defensiva o marchamos emocionalmente con altibajos, es una señal que estamos atados a una autoimagen.

Jueves de la Tercera Semana de Adviento

Isaías 54:1–10; Lucas 7:24–30

"Cuando ustedes salieron al desierto, ¿qué iban a
ver? ¿Una caña agitada por el viento?"

—Lucas 7:24—

Lo que Buscas es lo que Encuentras
¿Hacia dónde vemos? ¿Cuándo vendrá?

Todos tendemos a apuntar hacia la meta en lugar de
hacia el viaje en sí mismo, pero hablando en términos espirituales, *cómo vamos allí es donde llegamos.* El viaje deter-
mina el destino final. Si manipulamos nuestro camino,
podemos terminar con un dios manipulado y autohecho. Si
nos permitimos a nosotros mismos ser llevados y escogidos
por el amor, podríamos tal vez terminar con el verdadero
Dios. Pero todos estamos buscando métodos y técnicas rápi-
das para "llegar a Dios", casi como si Dios pudiera ser una
posesión del ego, un trofeo personal. Más adelante, en este
mismo Evangelio, tanto los fariseos como los discípulos le
preguntan a Jesús, "¿cuándo y cómo vendrá el reino?"
(Lucas 17:20-22). Jesús dice, "el reino de Dios no permite la
observación. No les creas a aquéllos que dicen, mira acá,
mira allá".

En otras palabras, no será tan fácil como obviamente
localizable, como aquéllos que están buscando al hombre de
las respuestas en el desierto. Jesús advierte a las personas

que ellas se sentirán desilusionadas porque *ellos están buscando la cosa equivocada al buscar la cosa entera ahora mismo.* Jesús dice, Juan es la vez "el más grande" y aún así, quien es "el menos". (7:28). El mensaje es: sí, éste es el reino, pero tampoco es enteramente el reino. Sí, está aquí, pero no totalmente aquí. Está allá, pero no enteramente allá. El reino nunca será la posesión del ego de nadie. Nadie de nosotros es digno, y de hecho, el mérito no es siquiera la cuestión. Sólo la confianza. Nadie puede decir, "lo tengo". Es siempre una invitación, la suficiente para llevarnos más profundamente. Sólo lo suficiente de Dios para hacer que querramos más de Dios, pero Dios siempre está en el asiento del conductor. "Tú no me has escogido, yo siempre estoy escogiéndote" (Juan 15:16).

Pero, gracias a Dios, Lucas termina ese mismo pasaje diciendo, "el reino de Dios está entre nosotros" (17:21) El Evangelio revela que la vida es siempre una mescolanza, pero una buena mescolanza. El reino "no admite la [plena] observación" acá. Sólo en la eternidad se resuelven todas las sombras. Acá vivimos en la fe y en la confianza en los intermedios.

REFLEXIONA

¿En qué formas tu orientación hacia la meta te impide tu viaje a la meta en sí misma?

lógicas de tal manera que la mente racional tiene que ir a otra parte para entender. Las cosas pueden ser verdaderas en un nivel y no ser para nada verdaderas en otro. La sabiduría consiste en cómo oír y ver en diferentes niveles al mismo tiempo, tal como Jesús tan inteligentemente lo hace en el Evangelio de hoy. Él es el clásico pensador no dual que sabe cómo tratar creativamente con el misterio, la paradoja y también con las personas negativas. No podemos amar, perdonar o ser pacientes si somos totalmente duales.

Jesús se rehúsa a prestarse a pensadores hostiles, dualísticos que se le presentan con falsas dicotomías. Como a menudo hace en tales casos, Jesús permanece callado, cambia de tema, cuenta una historia, replantea la cuestión total o solamente se rehúsa a comprometerse con la obvia mala voluntad. Él sabe que una persona se convierte en la imagen de espejo de cualquier cosa si él se le opone en esencia. Así, acá Jesús sólo se rehúsa a contestar. Es sorprendente que nosotros hiciéramos de Jesús un consumado respondedor de preguntas porque usualmente no es lo que él hace. A menudo, él nos pone frente a la espada y la pared de nuestros propios dilemas humanamente creados, donde somos forzados a encontrarnos con Dios y a ser honestos con nosotros mismos. Él crea más problemas para nosotros que los que resuelve, problemas que muy a menudo no pueden ser resueltos por un pensamiento de todo-o-nada, pero sólo por el amor y el perdón.

Viernes de la Tercera Semana de Adviento

Isaías 56:1–3a, 6–8; Juan 5:33–36

—⟋⟍—

> Son las obras que el Padre me encomendó
> realizar. Estas obras que yo hago hablan por
> mí y muestran que el Padre me ha enviado.
>
> —JUAN 5:36—

UN SESGO HACIA LA ACCIÓN

Jesús dijo, "yo no te estoy pidiendo que sólo creas en mis palabras, ve mis acciones y 'los trabajos que realizo' ". Las acciones hablan por sí mismas, mientras que las palabras las podemos discutir en el plano teórico. Mientras más he tratado de seguir a Jesús, más puedo decir que ya no *creo* en Jesús. *Conozco* a Jesús. Lo conozco porque, muy a menudo, he seguido su consejo, asumido sus riesgos y ¡siempre se ha probado como ser verdadero! Después no creemos, *sabemos*. Jesús no nos dice que creamos cosas increíbles, como si esto de alguna forma pudiera complacer a Dios. Él más que todo nos está diciendo, "prueba esto", y tú verás por ti mismo que es verdadero. Pero esa prueba inicial es siempre un salto de fe hacia alguna forma de acción o práctica.

Las Sagradas Escrituras siempre nos enseñan muy claramente lo que hoy llamamos un "sesgo hacia la acción".

No se trata sólo de sistemas de creencias o de dogmas y doctrinas, tal y como a menudo lo hemos hecho. La Palabra de Dios nos está diciendo muy claramente que *si no lo haces, tú, de hecho, no lo crees y no lo has oído*. La única forma cómo llegamos a convencernos de nuestro propio sentido del poder, dignidad y del poder de Dios es haciéndolo, de hecho –cruzando la línea, una línea que posee un cierto grado de insensatez y que es injustificable por sí misma– y por esa razón es que la llamamos fe. En el cruce de esa línea, y en el comportarse de una forma nueva basada en que lo que creemos son los valores del reino, entonces y sólo entonces, podremos oír en una forma nueva y realmente creer en lo que decimos que creemos de primero.

En los años que vienen yo veo al cristianismo moverse de unos meros sistemas de creencias a una invitación a "prácticas" por las cuales nosotros, entonces, nos daremos cuenta de las cosas en un nuevo nivel. (Los jesuitas las llaman "ejercicios", los metodistas las llaman "métodos", Gandhi las llamaba "experimentos con la verdad").

Déjame resumirla de esta forma: *nosotros no nos pensamos en una nueva forma de vida. Vivimos como nosotros mismos, adentro, llevándonos hacia nuevas formas de pensamiento.* Sin acciones, ni decisiones sobre el estilo de vida, sin prácticas concretas, las palabras son peligrosas y en gran medida, ilusorias.

¿Qué acciones puedes tomar para comprender más plenamente el poder del Espíritu?

17 de Diciembre

Génesis 49:2, 8-10; Mateo 1:1-17

—————

> "Un recuento de la genealogía de Jesús" incluye
> a Tamar, Rahab, Rut y a "la esposa de Urías",
> porque ellos no pueden soportar mencionar su
> nombre, Betsabé.
>
> —MATEO 1:3, 5, 6, 7. —

LA AUTORIDAD DE AQUÉLLOS QUE HAN SUFRIDO

Este árbol genealógico de Jesús, artificialmente creado, es una afirmación teológica brillante más aún que algo remoto como históricamente preciso. Pero la cosa sorprendente es la inclusión deliberada de cuatro mujeres extranjeras, no judías, de quienes al menos tres eran de virtudes fáciles o aun "pecadoras" públicas. ¿Por qué se hubiera arriesgado el Evangelio a decir que habían "ladrones de caballos", como los hubo, dentro de sus antepasados? Claramente quiso decir que el provenía de lo ordinario, de lo humano, de lo quebrantado, de lo pecaminoso, del mundo que sufre, tal y como todos nosotros. En su nacimiento está la aceptación de la plena condición humana, que se convierte en su primer paso hacia la cruz. Es esta humanidad plena y transformada la que le confirió autoridad a Jesús en su vida real. Recuerda, nadie sabía que él era el Hijo de Dios; ellos confiaban en él por otras razones.

¿Qué es lo que nos confiere la autoridad práctica para enseñar y predicar y cambiar vidas? ¿Es la ordenación? ¿Es el cargo? ¿Es la familia y los antepasados? ¿Son las vestiduras y los títulos? Jesús no tuvo autoridad alguna en su vida debido a validación externa ninguna. La tuvo *por la autenticidad de su mensaje y por el poder transformador de su viaje a través de la muerte hacia la resurrección*. La tuvo porque él fue un genuino hombre del Espíritu. Ésa es la base de la autoridad espiritual aún hoy. Más que cualquier Escritura, sacramento u ordenación, la autoridad verdadera proviene de "beber de la copa que yo debo beber y que tú también debes beber" (Marcos 10:38). Pareciera que Jesús dejó eso bastante claro, pero por alguna razón nos gusta "sentarnos en tronos a su derecha e izquierda" (Marcos 10:37).

Espiritualmente hablando, la autoridad proviene de pasar por la tribulación y la oscuridad y de salir del otro lado aún ¡más libre, feliz, vivo y contagioso! *Las personas transformadas transforman a personas*. Esto es aún verdad en nuestros días. Por eso Jesús vino a predicar el evangelio "a los pobres" porque ellos se encuentran en una posición única de recibirlo en profundidad. Para quienes sufren, la salvación no es una teoría abstracta, espiritual sino que una estrategia de sobrevivencia. Éstas son las personas en "recuperación", que tienen gran poder de influirte y cambiarte porque "ellos hablan con autoridad y no como los escribanos" (Marcos 1:22), quienes probablemente enseñaban del conocimiento obtenido de los libros de texto del seminario. Donde nosotros mismos hemos cambiado, sufrido y sido sanados es en donde nosotros nos encontramos en una mejor posición para ser un agente de cambio efectivo para otros. Después de un cierto tiempo, eso se convierte en muy obvio.

Reflexiona

¿Qué pobreza puedes encontrar en ti mismo que te podría ayudar a ser más abierto a Dios?

18 de Diciembre

Jeremías 23:5-8; Mateo 1:18-25

—⁓∭⁓—

"José, descendiente de David, no tengas
miedo de llevarte a María, tu esposa, a tu

casa; si bien está esperando por obra del
Espíritu Santo".

—MATEO 1:20—

ABRIENDO LA PALABRA DE DIOS

Tenemos mucho que aprender de personas como los cuáqueros y los menonitas. Ellos han practicado bien en cómo ser una minoría. Ellos no necesitan tener multitudes a su alrededor para pensar que eso es la verdad. Se reúnen en pequeños grupos y comparten la Palabra de Dios. Y eso, gracias a Dios, es lo que también está pasando de nuevo en la iglesia católica. A éstas las llamamos las comunidades de base en Latinoamérica o los grupos de estudios bíblicos en América y Europa. Abriendo la Palabra de Dios para reflexionar y compartir no puede depender de personas como yo, teólogos o personas que han estudiado profesionalmente. Si eso fuera cierto, entonces el 99 por ciento de la humanidad nunca tendrá acceso a la palabra de Dios.

Estos grupos que comparten la fe son dirigidos, no por un maestro profesional o un experto, sino más bien por lo que llamamos un facilitador o un animador —uno que mantiene al grupo reunido y sabe qué cuestiones preguntar para mantener a las personas buscando y rezando—. El grupo lee un texto del Evangelio, algunos, tres veces, y después hace preguntas, ¿qué los amenaza en el texto? ¿Qué los entusiasma en relación a ese texto? ¿Qué es lo verdaderamente desafiante en ese texto? ¿Qué creen ellos que Jesús estaba verdaderamente hablando? ¿Cuál era la situación en el mundo cuando Jesús contó esa historia en particular? ¿Existen situaciones comparables hoy a las cuales este texto se podría aplicar? O tal vez en el Evangelio de hoy, "¿crees verdaderamente que José entendió lo que estaba pasando? ¿Fue su confianza en María, sus sueños y sus visiones de los ángeles verdaderamente de una certeza total? ¿O se trató, de hecho, de fe?". Tales preguntas se permiten y son alentadas.

¿Qué fue lo que nos dio la idea, que un pequeño grupo seleccionado de personas similarmente educadas entenderían mejor lo que Dios fue para todas estas personas, para todo el mundo? La Palabra de Dios se está devolviendo a los pobres. La Palabra de Dios se está devolviendo a los no educados y a los que guardan prisión. La Palabra de Dios se está devolviendo a las mujeres. La Palabra de Dios se está devolviendo a los no célibes (para nosotros en la iglesia católica). La Palabra de Dios se está devolviendo a alguien diferente que a aquéllos que son los empleados del sistema religioso. Lo que estamos encontrando es que la Palabra de Dios está siendo leída con una vitalidad, una verdad y, a veces, una libertad que es emocionante, mucho más desafiante, y que a menudo nos hace preguntarnos si alguna vez antes la entendimos. Solamente prueba. Esto no disminuirá la autoridad de la iglesia o de las Sagradas Escrituras, sino que solamente la aumentará, porque tendremos adultos espirituales entre nosotros. Los adultos espirituales no sobrerreaccionan ni piensan dualísticamente, sino que ellos oyen y aprenden y crecen.

REFLEXIONA

¿Cuáles son los mensajes sencillos del Evangelio que te estás perdiendo?

19 de Diciembre

Jueces 13:2-7, 24-25a; Lucas 1:5-25

—⁓—

"No tenían hijos, pues Isabel no podía tener familia, y los dos eran ya de edad avanzada".

—LUCAS 1:7 —

SUSTITUTOS PARA LA ACEPTABILIDAD SOCIAL

En las lecturas de hoy, tenemos dos ejemplos de mujeres que no podían tener familia o estériles: la madre de Sansón e Isabel, la madre de Juan El Bautista. El tema es tan común en las esposas de los patriarcas que uno empieza a extrañarse si no había algo malo con el agua en Israel. Pero tal vez la esterilidad-fertilidad es un símbolo de otra cosa. Tal vez todas las historias acerca de sanaciones no se tratan tanto de curas médicas como de transformaciones muy verdaderas. Jesús, la mayor parte de las veces, no quería que las personas hablaran de sus curaciones físicas. ¿Nos sorprende eso? ¿Sabemos por qué? Porque la mera cura médica no era el asunto, aunque muchas personas hasta allí llegan.

Existen muchas más curaciones de leprosos que otra clase de historias en los cuatro Evangelios. Jesús siempre está curando leprosos. La lepra, de hecho, en el Nuevo Testamento es un término amplio. No significa lo que nosotros llamaríamos hoy la enfermedad de Hansen. Los "leprosos" eran personas a quienes, por alguna razón, se les decía que eran físicamente inaceptables. Eran personas que eran consideradas como un tabú, contagiosas, discapacitadas, peligrosas o excluidas por toda clase de razones. El mensaje pareciera ser: "No lo estás haciendo correctamente" o "tú no eres aceptable como miembro de la sociedad". Cada sociedad hace esto y nosotros también lo hacemos, pero sólo que en formas diferentes y bajo diferentes criterios.

Cuando Jesús recibe a los leprosos, él siempre los toca, y a menudo, entonces, él los guía o los manda a un nuevo lugar. Invariablemente, él los reintroduce a la comunidad y realínea su estatus social y aceptabilidad. Los regresa adentro de la aceptabilidad social. ¡Ésa es la curación! Los leprosos ya no son más considerados como desechables. El texto del Evangelio también enfatiza el contacto físico de Jesús con los leprosos, lo cual, por supuesto, lo convierte a él en ritualmente impuro. La compasión de Jesús es también, finalmente, un acto de solidaridad con el dolor de los leprosos. Él intercambia lugares con ellos, como si fuese él. En algunas partes, el Evangelio hace esto explícito cuando dice que Jesús ya no puede ahora entrar a la ciudad (veáse: Marcos 1:45).

Las mujeres estériles y los leprosos son, por supuesto, los clásicos sustitutos nuestros en la foto de "antes". Las mujeres fértiles y los leprosos que han sido realineados son también sustitutos para todos nosotros en las triunfantes fotos de "después". Los encuentros con el auténtico Dios nos hacen espiritualmente fértiles y conectados humanamente.

REFLEXIONA

¿A quién conoces que ha sido rechazado de tu comunidad y a quién puedes tú reintroducir y por lo tanto, curar?

20 de Diciembre

Isaías 7:10–14; Lucas 1:26–38

—⁓—

"María quedó muy conmovida al oír estas palabras [de Gabriel] y se preguntaba qué significaría tal saludo".

—Lucas 1:29—

Un Febril Deseo por la Voluntad de Dios

La obediencia religiosa significa una buena voluntad para dejar ir las consecuencias en algún nivel y para confiar en un Cuadro Mayor. Esto es lo que vemos haciendo a María acá en la gran escena de la anunciación. En la obediencia de la fe hacemos algo porque es verdadera en un nivel más profundo, tal vez nos sentimos llamados a un nivel más profundo, y no porque esto inmediatamente funcione, haga sentido o muestre alguna semejanza con el "éxito". A menudo tenemos que dejar ir las consecuencias inmediatas para confiar en consecuencias mayores o a más largo plazo. A la Madre Teresa le encantaba decir: "no fuimos creados para ser exitosos sino obedientes". La obediencia debe ser verdadera a nuestras más profundas voces, porque es de la única forma que Dios puede hablarnos. Pero eso significa que ¡debemos *poseer* algunas voces más profundas! Tenemos que ser expertos en escuchar en las oraciones a nuestro inconsciente, a otros y aún a "los ángeles que entretienen, quienes usualmente vienen inadvertidamente" (Hebreos 13:2). ¿De qué otra forma podría María haber estado lista para Gabriel?

Más tarde o temprano todos tendremos que decir, "tengo que hacer lo que tengo que hacer, tal como hizo Franz Jägerstätter, el campesino austríaco quien casi sin ayuda se opuso a Hitler. ¿Alguna vez has sido tomado de esa forma por la Palabra de Dios? "Yo sólo sé que tengo que hacerlo. Mi familia no entiende, mis amigos me critican, pero yo sé que es la Palabra plantada en mi corazón, para mí, esta vez". Uno debe sentirse muy solo y lleno de dudas en tales ocasiones. Sin embargo, después que todo se ha dicho y hecho, *la voluntad de Dios, más que cualquier cosa, es el deseo febril de hacer la voluntad de Dios.* Las personas que están centradas en Dios, en lugar de en ellas mismas, siempre oyen voces más amplias. Tales personas sabrán lo que deben hacer sin tener la posibilidad de probarlo. Ellos poseen la pasión de continuar a través de lo que se debe hacer. El bendito Franz Jägerstätter no tenía el apoyo de su iglesia, ni de las enseñanzas de la iglesia, de su obispo, del cura de su parroquia o siquiera de su esposa (ella me lo contó así personalmente ¡con lágrimas en los ojos!).

El "sí" de María fue pronunciado en la oscuridad de la fe. Ella no tenía la certeza, ni estaba afianzada por ninguna cita de las Sagradas Escrituras, doctrina o papa. Ella sólo oyó lo que oyó, e hizo lo que Dios le pidió hacer, aceptando las consecuencias. Ella poseía suficiente autoridad interna, que no necesitaba de mucha autoridad externa.

REFLEXIONA

¿En qué forma posees un deseo febril por hacer la voluntad de Dios?

21 de Diciembre

Cantar de los Cantares 2:18–14 o Sofonías 3:14–18a; Luke 1:39–45

—∿∿—

> ¡Dichosa tú por haber creído que se cumplirían
> las promesas del Señor!
>
> —LUCAS 1:45—

LA RELIGIÓN VERDADERA

Cuando se trata del don de la contemplación, cada religión importante en el mundo ha llegado a muy similares conclusiones. Cada religión —hinduísmo, judaísmo, budismo, las religiones del oriente— todas están de acuerdo, pero cada una en su propia manera, que finalmente somos llamados a una conciencia transformada, a una nueva mente, o a ser "renacido" una segunda vez de alguna forma. Cada religión posee palabras diferentes para ello y probablemente experiencias diferentes, pero de alguna forma todas señalan hacia la unión con Dios. La religión se trata de la unión. De alguna forma vivir en una unión consciente con Dios es lo que signfica ser "salvado".

La palabra *religio* quiere decir "atar de nuevo" —volver a ligar a la realidad en su conjunto, reconectar las cosas de forma tal que sabemos cómo Jesús lo hizo. "Yo y el Padre somos uno", (Juan 10:30) —. Vivir en ese lugar es experimentar y disfrutar de la Gran Conexión, vivir en un lugar donde todas las cosas son una, "conmigo en ello y contigo en mí" (Juan 17:23). Cuando las religiones del mundo se vuelvan así de maduras, tendremos una nueva historia, que ya no se basará en la competencia, la rivalidad, las culturas o la guerra, pero en personas que, de hecho, están transformadas (Gálatas 6:15-16). Estas personas cambiarán al mundo, tal como María lo hizo, casi con precisión porque saben que no son ellos quienes están realizando el cambio. Ellos sabrán que no necesitan cambiar a otras personas, sólo a sí mismos. Dios lo toma de allí.

REFLEXIONA

¿Cómo puedes traer el don de la contemplación a tu vida de oración?

22 de Diciembre

1 Samuel 1:24–28; Lucas 1:46–56

—⁓〰⁓—

Dios... deshizo a los soberbios y sus planes.

Derribó a los poderosos de sus tronos

y exaltó a los humildes.

Colmó de bienes a los hambrientos

y despidió a los ricos con las manos vacías.

—LUCAS 1:51-53—

PODER, PRESTIGIO Y POSESIONES

En las consistentes enseñanzas de Jesús y en el gran Magnificat de María, ambos dicen que existen tres grandes obstáculos a la venida del reino de Dios. Yo las llamo las tres P: poder, prestigio y posesiones. María se refiere a ellas como "a los orgullosos", "a los poderosos en los tronos" y a "los ricos". A estos, ella dice, Dios los está "derrotando", "tirándolos hacia abajo" y "mandándolos lejos sin nada". (¡Esta gran oración de María fue considerada tan subversiva por el gobierno militar argentino que fue prohibido que se pronunciara públicamente en las marchas de protesta!) Nosotros podemos tomar fácilmente nueve décimas de las enseñanzas de Jesús y claramente alinearlas bajo una de aquellas tres categorías: nuestras ataduras al poder, al prestigio y a las posesiones son obstáculos a la venida de Dios. ¿Por qué no podíamos ver esto?

Por alguna razón, tendemos a localizar más al mal en nuestros cuerpos que en nuestras mentes, corazón y espíritu.

Estamos terriblemente avergonzados de nuestra personificación y nuestra vergüenza está invariablemente localizada en cuestiones adictivas como la bebida, las drogas, el sexo, comer de más y en la imagen del cuerpo. Tal vez es por eso que Dios se ha convertido en un cuerpo en Jesús. ¡Dios necesitaba decirnos que era bueno ser *un cuerpo* humano! Esto es central y es un pivote en el mensaje de Navidad.

No tengo dudas sobre la moralidad sexual adecuada, pero Jesús nunca dijo que ésa fuera una cuestión central. Suelen ser pecados de debilidad o adicción más que de malicia o poder. De hecho, Jesús dijo que "las prostitutas alcanzarán el reino de Dios" antes que algunos de nosotros, que fuimos compañeros fáciles del poder, del prestigio y las posesiones (Mateo 21:31). Éstas son las actitudes que insensibilizan al corazón, que nos permiten hacer juicios muy egocéntricos y embotan nuestras percepciones espirituales generales. Por alguna razón, una gran parte de la historia cristiana ha escogido no ver esto y hemos localizado a la maldad en otros lugares diferentes que los señalados por Jesús. Son los pecados de nuestra razón y corazón (véase: Mateo 5:20-48) los que hacen que el Gran Cuadro sea casi imposible de ver. Esta enseñanza está escondida en una visión evidente, pero una vez la vemos en texto tras texto, no podemos más no verla. Parece que María había visto lo extenso, profundo y maravilloso.

¿Cómo el poder, el prestigio y las posesiones te impiden que entres al reino?

23 de Diciembre

Malaquías 3:2-3, 23-24; Lucas 1:57-66

> "Pues él es como el fuego de una fundición y como la lejía que se usa para blanquear. Purificará a los hijos de Leví... Les voy a enviar al profeta Elías antes que llegue el día de Yavé. Él reconciliará a los padres con los hijos y a éstos con sus padres..."
>
> —MALAQUÍAS 3:2-33, 23-24—

CONFRONTACIÓN, CONVERSIÓN Y CONSUELO

Estas palabras del profeta Malaquías son las últimas palabras en nuestro Viejo Testamento y nos proporcionan un tránsito perfecto. Describen a quien será el precursor adecuado a cualquier Mesías que esté por venir. Los cristianos, por supuesto, han aplicado usualmente este pasaje a Juan El Bautista, como Jesús mismo y los escritores del Evangelio ya lo habían hecho. Pero el texto tiene aún más trascendencia: en algunos pocos versículos es exitoso en trazar la secuencia apropiada de la Palabra de Dios. Cuando se usan las Sagradas Escrituras maduramente y se convierten en precursoras del encuentro con Cristo, van en el siguiente orden:

1. Nos *confrontan* con un cuadro mayor al que estamos acostumbrados, "el reino de Dios" que tiene el potencial para "deconstruir" nuestras falsas visiones del mundo.

2. Tienen el poder para *convertirnos* a una visión del mundo alternativa por la proclamación, la gracia y la atracción pura al bien, lo verdadero y lo bello (no por vergüenza, culpa o miedo que son motivaciones de bajo nivel). "Atracción no promoción",dijo Bill Wilson, confundador de Alcohólicos Anónimos.

3. Entonces, ellas nos *consuelan* y traen una sanación profunda a la vez que nos "reconstruyen" en nuevo lugar con una mente y un corazón nuevos.

Fíjate como Malaquías hace esto. Él describe el trabajo del Mensajero de Dios como " grande y terrible" a la vez que maravilloso y amenazador al mismo tiempo. No se trata que la Palabra de Dios nos amenace con fuego y azufre, pero en cambio está diciendo que *la bondad es su propia recompensa y que la maldad es su propio castigo*. Si ejercemos la verdad y vivimos conectados con el mundo, tal y cual es, nosotros seremos bendecidos y la gracia podrá fluir y el consuelo seguirá a la confrontación con el Gran Cuadro. Si creamos un mundo falso de separación y egocentrismo, no funcionará y sufriremos las consecuencias aún hoy. En la teología católica nosotros podemos llamar a ésta nuestra tradición de "ley natural". En resumen, nosotros no somos castigados <u>para</u> nuestros pecados sino que ¡<u>por</u> nuestros pecados!

Nosotros somos siempre el "pesebre" en quienes el Cristo nace de nuevo. Lo único que podemos hacer es mantener al pesebre honesto y humilde, y el Cristo seguramente nacerá.

Reflexiona

Encuentra un Evangelio que tú buscas para consuelo y deja que te desafíe.

Cuarto Domingo de Adviento

Año A: Isaías 7:10–14; Romanos 1:1–7; Mateo 1:18–24

Año B: 2 Samuel 7:1–5, 8b–12, 14a, 16; Romanos 16:25–27; Lucas 1:26–38

Año C: Miqueas 5:1–4a; Hebreos 10:5–10; Lucas 1:39–45

> El Señor, pues, le dará esta señal: La joven
> está embarazada y da a luz un varón a quien
> le pone el nombre de Emmanuel.
>
> —Isaías 7:14—

La Fe Ciega de María y José

Las personas del reino son hacedoras de historias. Ellos entran en los reinos pequeños de mundo hacia un mundo alternativo y mucho más grande, la creación plena de Dios. Las personas que aún están viviendo en el ser falso son los paralizadores de la historia. Utilizan a Dios y a la religión para proteger a su propio estatus y al estatus quo del mundo que los sostiene. A menudo son personas temerosas, las simpáticas gentes adecuadas de cualquier edad, que piensan como todos los demás piensan y que no tienen el poder para abrirse paso o como las palabras de apertura de Jesús lo enuncian, "para cambiar" (Marcos 1:15, Mateo 4:17).

¿Cómo podemos realmente pensar que María, si ella pensó como cualquier buena muchacha judía estaba entrenada a pensar, cómo fue posible que estuviera lista para este mensaje? Ella tuvo que dejar salir a Dios de su apartado de expectativas, de su zona de comfort, de su religión respetuosa de seguir al líder. Ella era muy joven y mayormente sin educación. Tal vez la teología en sí misma no es el sendero necesario sino que la simple integridad y el coraje sí lo sean. Nada dicho en la sinagoga hubiera preparado a María o a José para esta situación. ¡Ambos tuvieron que depender de sus ángeles! ¿Quién de los obispos adecuados hubiera confiado en tal situación? Yo mismo no lo hubiera hecho. Todo lo que sabemos de José es que él era "un hombre justo" (Mateo 1:19), también joven y probablemente sin educación. Todo esto es una afrenta a nuestro criterio y a la forma como evaluamos la autenticidad.

Entonces, ¿por qué amamos y admiramos a personas como María y José y después no imitamos sus viajes de fe, su coraje, el no estar afianzados por el sistema religioso? Éstas eran dos personas laicas que confiaban totalmente en su experiencia interna de Dios y que la siguieron a Belén y más allá. No existe ninguna mención en los Evangelios de los dos verificando sus experiencias internas con los sumos sacerdotes, la sinagoga o aún en sus Escrituras judías. María y José se encaminaron con coraje y fe ciega en que sus experiencias eran verdaderas, sin nadie que les reasegurara que ellos tenían la razón. Su única red de seguridad era el amor y la misericordia de Dios, una red de seguridad que debieron haber probado muchas veces o de lo contrario nunca hubieran sido capaces de caer en ella con tanta gracia.

¿En qué formas confías en tu propia autoridad interior? ¿Temes que estás siendo rebelde si lo haces así? ¿Fueron María y José rebeldes?

24 de Diciembre, Nochebuena

Por la mañana: 2 Samuel 7:1–5, 8b–12, 14a, 16; Lucas1:67–79

Vigilia: Isaías 62:1–5; Hechos 13:16–17, 22–25; Mateo 1:1–25 or 1:18–25–

—⁓⁓—

"Le dirás a mi servidor David…¿Así que tú me vas a construir una casa para que habite en ella?"… Te fui a buscar al potrero… Doquiera que ibas yo estaba contigo, eliminé delante de ti a todos tus enemigos. Haré grande tu nombre…, y pondré en el lugar que le corresponde a mi pueblo de Israel…Y Yavé te manda a decir esto: Yo te construiré una casa. Tu casa y tu realeza estarán para siempre ante mí, tu trono será firme para siempre".

—2 SAMUEL 7:5, 8, 9, 10, 11, 16

TODO ESTÁ EN PREPARACIÓN

Probablemente no muchas personas leen meditaciones en la mañana de Nochebuena, así que los felicito por tomar el tiempo para hacerlo así, aun cuando sé que deben haber tantas cosas excitantes y tantos preparativos qué hacer hoy. Todo está en preparación. Probablemente no exista otro día en el año que tenga tanta expectación como el 24 de diciembre. De hecho, es más Navidad que el mismo día de Navidad porque lleva toda la energía plena de Adviento. El tiempo ha llegado a su plenitud (Lucas 2:6). Difícilmente alguien viene a la iglesia esta mañana. Todo se trata de hoy en la noche por alguna maravillosa razón.

Esto es desafortunado, sin embargo, porque la primera lectura de la misa de hoy en la mañana es especialmente conmovedora y, de hecho, una de mis favoritas, pero difícilmente alguien la oye hoy. La lectura es un maravilloso diálogo entre el profeta Natán y el rey David, parte del cual hemos leído arriba. Este cambio de lados es el gran darse la vuelta, que de ahora en adelante se convierte en el tema bíblico central de la gracia, la elección y la iniciativa Divina. Nosotros partimos, como David, pensando que tenemos que hacer algo para probarnos a nosotros mismos frente a Dios, "constrúyele a Dios una casa" es la metáfora. Y como siempre Dios le da la vuelta y dice, "no, David, ¡déjame construirte a ti una casa!". (Si lo deseas puedes leerlo todo en 2 Samuel 7, porque es tan maravilloso). Es tiempo de dejar que la historia empape nuestros inconscientes. Nos preparará totalmente para el día que nos espera, más que nada, podría decir yo.

REFLEXIONA

¿Aún estás intentando construirle una casa a Dios o puedes dejar que primero Dios te la construya a ti?

 ## *25 de Diciembre, Día de Navidad*

Medianoche: Isaías 9:1–6; Tito 2:11–14; Lucas 2:1–14

Amanecer: Isaías 62:11–12; Tito 3:4–7; Lucas 2:15–20

Día: Isaías 52:7–10; Hebreos 1:1–6; Juan 1:1–18 or 1:1–5, 9–14

Y la Palabra se hizo carne, puso su tienda
entre nosotros, y hemos visto su Gloria: la
Gloria: la Gloria que recibe del Padre el hijo
único; en él todo era amoroso y verdad

—JUAN 1:14—

En este día de Navidad, déjenme empezar con una cita del autor del siglo XX, G.K. Chesterton: "Cuando una persona ha encontrado algo que él prefiere a la vida misma, él (sic) por la primera vez ha empezado a vivir". Jesús en su proclamación del reino nos dijo qué podríamos preferir que a la vida misma y que ¡esto funcionaría! La Biblia termina diciéndonos que estamos llamados a ser personas que podrían decir, "Ven, Señor Jesús" (Apocalipsis 22:20), que podríamos dar la bienvenida a algo más allá de los negocios, como es costumbre, y vivir en el Gran Cuadro de Dios. Todos tenemos que pedir por la gracia de preferir algo a nuestra pequeña vida misma porque a nosotros se nos ha ofrecido la Vida compartida, la Vida Única, la Vida Eterna, la Vida de Dios que se hizo visible en este mundo en Jesús. No llegamos allí siendo correctos. Llegamos allí permitiendo la conexión. Se trata como de ¡"una conexión gratis" sin cables!

Finalmente, el reino se debe identificar con el mismo Señor Jesús. Cuando decimos, "Ven Señor Jesús" en este día de Navidad, estamos prefiriendo su Señorío a cualquier otro sistema de lealtades y a cualquier otro marco de referencia final. Si Jesús es el Señor, entonces, ¡César no lo es! Si Jesús es el Señor, entonces, ¡la economía y el mercado de valores no lo son! Si Jesús es el Señor, entonces, ¡mi casa y mis posesiones, mi familia y mi trabajo no lo son! Si Jesús es el Señor, entonces, ¡yo no lo soy! Esas implicaciones en planos múltiples fueron obvias para quienes vivieron en el primer siglo del imperio romano porque la frase "César es el Señor" fue la prueba de lealtad del imperio y el eslogan político que se pegaba en el parachoques. Ellos, y otros, sabían que ellos habían cambiado "partidos" cuando ellos recibieron a Jesús como Señor en lugar del emperador romano como su salvador.

Lo que todos buscamos es a alguien a Quien rendirnos, algo que prefiramos a la vida misma. Bien, acá está la sorpresa maravillosa: Dios es al único a quien nos podemos rendir sin perdernos a nosotros mismos. La ironía es que nos encontramos, y ahora, en todo un nuevo campo de significado. Esto ocurre en un grado menor en cada gran amor en nuestras vidas, pero siempre es un salto de fe antes de tiempo. Nunca estaremos seguros antes si será verdadero. Va seguramente en contra de la intuición, pero es la promesa que vino al mundo en este día de Navidad, "llena de gracia y de la verdad". Jesús es un don entregado totalmente, libre para ser tomado, de una vez por todas, para todos y para toda la creación. Este Cósmico Cristo Viviente es *gratis, sin cables* y todo lo que tenemos que hacer es conectar.

De ahora en adelante, la humanidad tiene el derecho de saber que *es bueno ser humano, es bueno vivir sobre esta tierra, es bueno poseer un cuerpo*, porque Dios en Jesús escogió y dijo "sí" a nuestra humanidad. O como nosotros los franciscamos amamos decir, "la Encarnación ya es la Redención". El problema está resuelto. Ahora ve y disfruta completamente todos los días que quedan. No sólo es "Siempre Adviento", sino que cada día puede ser ahora Navidad porque quien pensamos que estábamos verdaderamente esperando ha venido por una vez y para todos.

Reflexiona

¡Hoy sólo "prueba y ve la bondad del Señor" (Salmos 34:8)!

———ᴍ———

Preparándose para Navidad Con P. Richard Rohr, o.f.m.: *Reflexiones Diarias para Adviento* también está disponible en edición en inglés, *Preparing for Christmas With Richard Rohr: Daily Reflections for Advent*, artículo B16883 a $ 1.95 cada uno (disponibles descuentos al por mayor).

Para ordenar, llamar al 513-241-5615

o gratis al 1-800-488-0488,

o para ordenar en línea en www.SAMPBooks.org.